Lev Tolstój

Il desiderio sessuale

versione filologica del saggio

(1910)

a cura di Bruno Osimo

Titolo originale dell'opera: Половая похоть
Traduzione dal russo di Rebecca Bossi
Bruno Osimo è un autore/traduttore che si autopubblica
La stampa è realizzata come print on sale da Kindle Direct Publishing, Wrocław
ISBN 9788831462372 per l'edizione cartacea
ISBN 9788831462389 per l'edizione elettronica

Contatti dell'autore-editore-traduttore: osimo@trad.it

Traslitterazione

La traslitterazione del russo è fatta in base alla norma ISO 9:

â si pronuncia come 'ia' in 'fiato' /ja/
c si pronuncia come 'z' in 'zozzo' /ts/
č si pronuncia come 'c' in 'cena' /tɕ/
e si pronuncia come 'ie' in 'fieno' /je/
ë si pronuncia come 'io' in 'chiodo' /jo/
è si pronuncia come 'e' in 'lercio' /e/
h si pronuncia come 'c' nel toscano 'laconico' /x/
š si pronuncia come 'sc' in 'scemo' /ʂ/
ŝ si pronuncia come 'sc' in 'esci' /ɕː/
û si pronuncia come 'iu' in 'fiuto' /ju/
z si pronuncia come 's' in 'rosa' /z/
ž si pronuncia come 's' in 'pleasure' /ʐ/

Sommario

Capitolo 1 - La necessità di impegnarsi per la castità assoluta

1

Avere un matrimonio onesto è bello, ma non sposarsi mai è meglio. Poche persone possono permettersi di farlo. Ma per quelle che possono è un bene.

2

Le persone che si sposano quando possono non farlo sono come le persone che cadono senza essere inciampate. Una volta inciampato, allora pensi a cosa poter fare, ma se non sei inciampato, perché cadere di proposito? Se si può vivere in modo casto e senza peccato, è meglio non sposarsi.

3

Non è vero che la castità va contro la natura umana. La castità è possibile e dà incomparabilmente più benefìci di un matrimonio, anche se felice.

4

Gli eccessi alimentari sono distruttivi per una buona vita, così come ancora più distruttivi per una buona vita sono gli eccessi sessuali. Per questo, meno una persona si abbandona agli uni e agli altri, meglio è per la sua vita autenticamente spirituale. La differenza tra le due cose, tuttavia, è grande. Rifiutandosi di mangiare, l'uomo distrugge la propria vita; rifiutando di fare sesso, l'uomo non rinuncia né alla sua vita né alla vita dei suoi discendenti che non dipende solo da lui.

5

Un uomo non sposato ha a cuore il Signore, come compiacere il Signore; invece l'uomo sposato si preoccupa di cose terrene, di come soddisfare sua moglie. C'è differenza tra una donna sposata e una ragazza nubile: una donna non sposata si preoccupa del Signore, di come compiacere il Signore, per essere santa nel corpo e nello spirito; invece la donna sposata si preoccupa di cose terrene, di come compiacere il marito.

1 Corinzi 7, 33-35

6

Se le persone, dopo essersi sposate, pensano di servire Dio e gli uomini con il loro matrimonio continuando la razza umana, stanno ingannando sé stesse. Per queste persone, invece di sposarsi per aumentare il numero di bambini, sarebbe molto più facile mantenere e salvare quelle milioni di vite di bambini che muoiono di bisogno e di abbandono.

7

Anche se solo pochi individui possono essere veramente casti, che ognuno capisca e ricordi che può sempre essere più casto di prima, ma può anche tornare alla castità infranta; più una persona si avvicina all'autentica castità, più riceve l'autentico bene per sé stessa e più è in grado di servire al bene degli altri.

8

Dicono che se tutte le persone sono caste, la razza umana si estinguerà. Ma secondo la credenza della Chiesa, la fine del mondo deve arrivare; anche secondo la scienza, la vita di una persona sulla terra e la terra stessa devono finire entrambe; allora perché il fatto che anche una buona vita morale porti alla fine del genere umano turba le persone? La cosa principale è che l'estinzione o la non estinzione del genere umano non è affar nostro. Il compito di ognuno di noi è uno solo: vivere bene. E vivere bene in relazione al desiderio sessuale significa cercare di vivere nel modo più casto possibile.

9

Uno scienziato ha calcolato che se l'umanità raddoppia ogni cinquant'anni come sta raddoppiando ora, tra settemila anni una coppia si moltiplicherà in così tante persone che, se si stringono strettamente spalla a spalla in tutto il globo, solo un ventisettesimo di tutte loro troverà spazio. Perché ciò non avvenga, basta una sola cosa – quella che è stata espressa da tutti i saggi del mondo e che è presente nell'anima di tutti gli uomini – la castità, il desiderio della più grande castità.

10

Avete inteso che fu detto: Non commettere adulterio; ma io vi dico: chiunque guarda una donna per desiderarla, ha già commesso adulterio con lei nel suo cuore. (Matteo 5, 27-28)

Queste parole non possono significare altro se non che, secondo l'insegnamento di Cristo, l'uomo deve tendere alla completa castità in generale.

«Come può essere?» reagiranno a questo. «Se le persone si attengono alla castità assoluta, il genere umano si distrugge». Ma, dicendo questo, si dimentica che il conseguimento della perfezione a cui si deve aspirare, non significa che la si debba raggiungere appieno. All'uomo non è dato raggiungere la piena perfezione in nulla. La missione dell'uomo sta nell'avvicinarvicisi.

Capitolo 2 - Il peccato di fornicazione

1

Una persona incontaminata è sempre disgustata e si vergogna di pensare e di parlare di rapporti sessuali. Cercate di non perdere questo sentimento. Non per niente è stato dato all'anima umana. Questo sentimento aiuta una persona ad astenersi dal peccato della fornicazione e a mantenere la castità.

Capitolo 2 – Il peccato di fornicazione

1

[illegible]

2

L'amore spirituale, quindi amore per Dio e per il prossimo, e l'amore carnale, quindi amore di un uomo per una donna o di una donna per un uomo, sono chiamati con la stessa parola. Questo è un grosso errore. Non c'è niente in comune tra questi due sentimenti. Il primo – l'amore spirituale per Dio e il prossimo – è la voce di Dio, il secondo – l'amore sessuale tra un uomo e una donna – la voce di un animale.

3

Lo spirito di Dio vive in tutte le persone: donne e uomini. Quindi che peccato guardare un portatore dello spirito di Dio come uno strumento di piacere! Ogni donna per un uomo deve essere prima di tutto una sorella, e ogni uomo per una donna deve essere un fratello.

4

La legge di Dio è amare Dio e il prossimo, cioè tutte le persone senza distinzione. Mentre nell'amore sessuale, il maschio ama più di tutti gli altri una donna e la donna un maschio, e quindi l'amore sessuale molto spesso distrae una persona dall'adempiere la legge di Dio.

Capitolo 3 - Le calamità della promiscuità sessuale

1

Fino a quando non avrai sradicato il tuo attaccamento lussurioso a una donna fino alla radice, fino ad allora il tuo spirito sarà attaccato al terreno, come un vitello che succhia è attaccato alla madre.

Le persone catturate dalla lussuria corrono come lepri in trappola. Una volta impigliate nei legami della passione lussuriosa, per lungo tempo non usciranno dalla loro sofferenza.

Saggezza buddista.

2

La falena vola nel fuoco, perché non sa che si brucerà le ali; e il pesce ingoia il verme sull'amo, perché non sa che questo lo ucciderà. Invece noi sappiamo che la lussuria ci confonderà e ci distruggerà di sicuro, ma abbandoniamo a lei lo stesso.

3

Proprio come le lucciole in una palude conducono le persone in un pantano e poi si dileguano, così i piaceri della lussuria ingannano le persone. Le persone si confondono e si rovinano la vita. E una volta tornate in sé, guardandosi attorno, non troveranno più segno di quello per cui si sono rovinate la vita.

Da Schopenhauer

Capitolo 4 - L'atteggiamento criminale verso il peccato di fornicazione da parte dei governi che regolano la vita delle persone

1

Per comprendere chiaramente tutta l'immoralità, tutto l'anticristianesimo della vita delle nazioni "cristiane", basta ricordare che la situazione delle donne che vivono della dissolutezza è consentita e regolata ovunque dai governi.

2

Tra i ricchi si è sviluppata la convinzione, supportata da falsa scienza, che il rapporto sessuale sia necessario per la salute e che, poiché il matrimonio non è sempre possibile, il rapporto sessuale al di fuori del matrimonio, che non obbliga gli uomini a nient'altro che al denaro, sia una cosa del tutto naturale.

Questa convinzione è diventata così comune e così radicata che i genitori, su consiglio dei medici, organizzano la depravazione per i loro figli; e i governi, il cui unico scopo è curare il benessere dei cittadini, istituiscono la dissolutezza, cioè permettono l'esistenza di una classe di donne che devono sacrificarsi corporalmente e spiritualmente per soddisfare la depravazione degli uomini.

3

Chiedersi se sia un bene o un male per la salute di un maschio avere rapporti sessuali con donne con cui non vivrà, come nel caso di marito e moglie, è come chiedersi se sia un bene o un male per una persona bere il sangue degli altri.

Capitolo 5 - La lotta contro il peccato di fornicazione

1

L'uomo, come animale, deve lottare con le altre creature e procreare per aumentare la sua razza; ma come essere razionale e amorevole, non deve lottare, ma amare tutti e non procreare per aumentare la sua razza, ma essere casto. La vita dell'uomo è definita dall'unione di due spinte opposte: la spinta alla lotta e alla lussuria sessuale e la spinta all'amore e alla castità.

2

Cosa dovrebbero fare un ragazzo e una ragazza puri quando si risveglia in loro il sentimento sessuale? Da cosa dovrebbero essere guidati?

Mantenersi puri e lottare per una castità sempre maggiore dei pensieri e dei desideri.

Cosa dovrebbero fare un ragazzo e una ragazza caduti in tentazione con pensieri d'amore per una persona conosciuta o anche per nessuno in particolare?

Ancora una volta: non permettere a sé stessi di cadere, sapendo che una tale indulgenza non li libererà dalla tentazione, ma la rafforzerà e quindi continuare a lottare per una sempre maggiore castità.

Cosa dovrebbero fare le persone quando non hanno vinto questa lotta e sono cadute?

Vedere la propria caduta non come un piacere legittimo, come può sembrare quando è giustificata dal rito del matrimonio e non come un piacere accidentale che può ripetersi con altri, ma nemmeno come una sfortuna se la caduta è sancita da un rito irregolare e senza matrimonio, quindi considerare questa prima caduta un matrimonio indissolubile.

Cosa dovrebbero fare un uomo e una donna sposati?

Lo stesso: impegnarsi insieme per liberarsi del desiderio sessuale.

3

Il principale rimedio al desiderio sessuale è la consapevolezza che una persona ha della propria spiritualità. Basta che una persona si ricordi chi è e la lussuria gli appare per quello che è: una qualità animale umiliante.

4

Combattere la lussuria è essenziale. Bisogna conoscere in anticipo tutta la forza del nemico, non illudersi con l'ingannevole speranza di una vittoria rapida: un combattimento con questo avversario è difficile. Ma non bisogna scoraggiarsi. Ci possono essere cadute, ma non si deve disperare. Un bambino che impara a camminare, cade centinaia di volte, si fa male, piange, si rialza e cade ancora, ma alla fine impara comunque. Non è la caduta ad essere terribile, ma lo è la sua giustificazione; la menzogna che rende queste cadute qualcosa di fatale, inevitabile, o qualcosa di bello e alto, è terribile. Anche se lungo il sentiero della liberazione dal peccato, verso la perfezione, ce ne allontaneremo nella debolezza, cercheremo con tutte le nostre forze di seguirla. Non diciamo che il peccato è la nostra sorte, non mentiamo "filosoficamente" o "poeticamente", giustificandoci, – ricordiamo fermamente che il male è male e non va fatto.

Naživin

5

La lotta contro la lussuria sessuale è la lotta più dura e non c'è situazione né età in cui una persona ne sia libera, se non la prima infanzia e la più profonda vecchiaia. Quindi una persona adulta e non ancora vecchia, maschio o donna, deve sempre stare in guardia contro il nemico, che aspetta solo l'occasione opportuna per attaccare.

6

Tutte le passioni nascono nei pensieri e sono supportate dai pensieri. Ma nessuna passione è così sostenuta e intensificata dal pensiero come la passione della lussuria. Non ci si deve soffermare su pensieri voluttuosi, ma allontanarli.

7

Le persone devono imparare dagli animali in astinenza da cibo: mangiare solo quando hanno fame e non mangiare troppo quando sono già sazi; così anche nei rapporti sessuali: proprio come gli animali, astenersi fino alla piena maturità, procedere al rapporto solo quando ne sono irresistibilmente tentati e astenersi dai rapporti sessuali non appena appare l'embrione.

8

Uno dei segni più evidenti che una persona vuole assolutamente vivere una buona vita è quello di essere severa con sé stessa nella vita sessuale.

Capitolo 6 - Il matrimonio

1

«[...] è cosa buona per l'uomo non toccare donna; tuttavia, per il pericolo dell'incontinenza, ciascuno abbia la propria moglie e ogni donna il proprio marito».

1 Corinzi 7, 1-2

2

L'insegnamento cristiano non dà le stesse regole per tutti, indica solo in tutte le cose la perfezione a cui ci si deve avvicinare; lo stesso nella questione sessuale: la perfezione è la castità assoluta. Le persone, non capendo lo spirito cristiano, vogliono una regola comune per tutti. È per queste persone che è stato inventato il matrimonio in chiesa. Il matrimonio ecclesiastico non è affatto un'istituzione cristiana, perché permettendo, a determinate condizioni, i rapporti sessuali, si discosta dall'esigenza cristiana: l’aspirazione a una sempre maggiore castità.

3

Il matrimonio è la promessa di due persone, un uomo e una donna, di avere figli solo l'uno dall'altra. Chi non mantiene questa promessa sta commettendo un peccato, che lo rende sempre peggiore.

4

Per raggiungere veramente l'obiettivo bisogna impegnarsi ulteriormente. Quindi, affinché il matrimonio sia indissolubile ed entrambi i coniugi rimangano fedeli l'uno all'altro, è necessario che entrambi si battano per la castità.

5

È completamente sbagliato pensare che il rito del matrimonio liberi le persone dalla necessità di essere sempre più casti anche nell'unione matrimoniale, astenendosi dal rapporto sessuale.

6

Se una persona, come accade spesso, prova piacere nei rapporti sessuali, anche nel matrimonio cadrà inevitabilmente nella dissolutezza.

7

La convivenza, la cui conseguenza può essere l'avere figli, è un matrimonio autentico, effettivo; ogni sorta di rito, dichiarazione, condizione non costituisce matrimonio e viene utilizzato perlopiù per riconoscere come matrimonio solo una delle tante convivenze.

8

Poiché non c'è alcun fondamento per l’istituzione del matrimonio nella vera dottrina cristiana, gli uomini del nostro mondo cristiano, non credendo nelle definizioni della Chiesa sul matrimonio, sentendo che questa istituzione non ha alcun fondamento nella dottrina cristiana e, allo stesso tempo non vedendo davanti a sé l'ideale di Cristo chiuso dall'insegnamento della Chiesa – la castità completa – rimangono per quanto riguarda il matrimonio senza alcuna guida. Da ciò deriva il fenomeno apparentemente strano che tra i popoli che riconoscono insegnamenti religiosi di livello molto inferiore al cristianesimo, ma che hanno precise definizioni esterne di matrimonio, origine familiare, la fedeltà coniugale è incomparabilmente più forte che tra i cosiddetti cristiani. Nei popoli che riconoscono dottrine inferiori a quella cristiana, esiste concubinaggio, poligamia, poliandria, entro certi limiti, ma non c'è quella completa promiscuità manifestata in concubinaggio, poligamia, poliandria che regna tra i popoli del mondo cristiano e si nasconde con il pretesto di una monogamia immaginaria.

9

Se lo scopo del pasto è nutrire il corpo, colui che mangia due pasti contemporaneamente otterrà, forse, un grande piacere, ma non raggiungerà l'obiettivo, poiché entrambi i pasti non saranno digeriti dallo stomaco. Se lo scopo del matrimonio è la famiglia, colui che vuole avere molte mogli e mariti può provare molto piacere, ma in nessun caso avrà la gioia principale del matrimonio e la giustificazione del matrimonio: la famiglia. Una buona alimentazione che raggiunge il suo obiettivo si ottiene solo quando una persona non mangia più di quanto il suo stomaco possa digerire. Allo stesso modo, un buon matrimonio che raggiunge il suo obiettivo si ottiene solo quando il marito non ha più mogli e la moglie non ha più mariti di quanti ne sono necessari per crescere adeguatamente i figli, e questo è possibile solo quando il marito ha una sola moglie e la moglie ha un solo marito.

10

A Cristo è stato chiesto: è possibile che un uomo lasci la moglie e ne prenda un'altra? A questo ha risposto che non dovrebbe essere così; che un uomo, essendosi messo insieme a sua moglie, deve unirsi a lei in modo da diventare come un solo corpo. E che questa è la legge di Dio e che ciò che Dio ha unito, l'uomo non dovrebbe separare.

Su questo, i discepoli dissero che era troppo difficile vivere in questo modo con la moglie. E

Gesù disse loro che una persona può non sposarsi, ma che, se non si sposa, deve vivere una vita pura.

11

Affinché il matrimonio sia una questione ragionevole e morale, è necessario:

Innanzitutto non credere, come si crede ora, che ogni uomo e ogni donna debbano necessariamente sposarsi, ma al contrario, pensare che ogni uomo e ogni donna siano al loro meglio restando puri, in modo che nulla possa impedire loro di dare il meglio di sé al servizio di Dio.

In secondo luogo, considerare il fatto di avere rapporti sessuali con qualcuno come contrarre un matrimonio indissolubile.

Terzo, non considerare il matrimonio, come si usa fare, una soluzione per soddisfare la propria lussuria, ma come un peccato che richiede la sua espiazione, che consiste nell'adempiere le responsabilità della famiglia.

12

Permettere a due persone di sesso diverso di vivere una vita sessuale nel matrimonio non solo non è coerente con l'insegnamento cristiano sulla castità, ma è direttamente contrario.

La castità, secondo l'insegnamento cristiano, è quella perfezione a cui è opportuno che una persona che segue la dottrina cristiana si avvicini. Pertanto, tutto ciò che ostacola questo approccio alla castità, come permettere rapporti sessuali all'interno del matrimonio, è contrario alle esigenze della vita cristiana.

13

Quando il matrimonio è considerato un’esenzione dal ricercare la castità, diventa non un mezzo per limitare la lussuria, ma al contrario, un incoraggiamento. Purtroppo è così che la maggior parte delle persone vede il matrimonio.

Pensate dieci, venti, cento volte prima di sposarvi. Unire la propria vita a quella di un'altra persona attraverso un rapporto sessuale è una questione di grande importanza.

Capitolo 7 - I bambini come espiazione del peccato sessuale

1

Se le persone raggiungessero la perfezione e diventassero caste, la razza umana cesserebbe e non ci sarebbe più motivo di vivere sulla terra, perché le persone diventerebbero angeli che non si sposano né si danno in sposa, come è detto nel Vangelo. Ma finché gli uomini non hanno raggiunto la perfezione, devono produrre una prole, affinché questa, perfezionandosi, raggiunga la perfezione a cui gli uomini devono arrivare.

2

Il matrimonio, il vero matrimonio, che consiste nell'avere e crescere figli, è un mediocre servizio a Dio: servire Dio attraverso i figli. «Se non sono riuscito a fare quello che avrei potuto e dovuto fare, mi sostituiranno i miei figli e lo faranno».

È per questo che le persone che si sposano con l'obiettivo di procreare provano sempre un certo senso di conforto, sollievo. Le persone credono di trasmettere una parte delle loro responsabilità ai futuri figli. Ma questo sentimento è legittimo solo quando i coniugi uniti nel matrimonio cercano di educare i figli in modo che non siano di ostacolo all'opera di Dio, ma operai in essa. La consapevolezza che, se non ho potuto né posso darmi completamente al servizio di Dio, farò del mio meglio per farlo fare ai miei figli – questa consapevolezza dà sia al matrimonio che all'educazione un senso spirituale.

3

Un'infanzia benedetta in mezzo alla crudeltà della terra dà almeno un po' di cielo. Queste ottantamila nascite giornaliere di cui parlano le statistiche costituiscono, per così dire, un torrente di innocenza e freschezza, che lotta non solo contro la distruzione della razza, ma anche contro la corruzione umana e l'infezione universale del peccato. Tutti i buoni sentimenti provati dalla culla all'infanzia sono uno dei segreti della grande provvidenza; distruggete questa rugiada rinfrescante e il turbine delle passioni egoistiche prosciugherà la società umana come il fuoco.

Supponendo che l'umanità sia composta da un miliardo di esseri immortali, il cui numero non può né aumentare né diminuire, dove saremmo e cosa saremmo, oh grande Dio! Saremmo senza dubbio mille volte più cólti, ma mille volte peggiori.

Beata è l'infanzia per il bene che produce per sé stessa e per il bene che offre senza saperlo e senza volerlo, solo causandolo si lascia amare. Solo grazie a esso possiamo avere un po' di paradiso in terra. Benedetta è anche la morte. Gli angeli non hanno bisogno né della nascita né della morte per vivere; ma per il genere umano sono necessarie ed entrambe inevitabili.

Amiel

4

Il matrimonio è giustificato e santificato solo dai figli, perché se non possiamo fare da soli quello che

Dio vuole, possiamo almeno servire la causa di Dio attraverso i nostri figli, crescendoli. Pertanto, un matrimonio in cui i coniugi non vogliono avere figli è peggio dell'adulterio e di ogni tipo di dissolutezza.

5

Tra le persone ricche, dove i bambini appaiono o come un ostacolo al godimento, o come uno sfortunato incidente, o come una sorta di piacere quando ne nasce un certo numero, questi bambini vengono educati non secondo i doveri della vita umana che li aspettano in quanto creature razionali e amorevoli, ma solo in vista delle gioie che possono offrire ai genitori. I figli di tali genitori vengono cresciuti in modo che la principale preoccupazione non è quella di prepararli a una degna attività umana, ma solo quella (e i genitori sono in questo sostenuti da una falsa scienza chiamata medicina) di nutrirli al meglio, di ottimizzare la loro crescita, di renderli puliti, bianchi, ben nutriti, belli e quindi viziati e sensibili. Abiti, letture, spettacoli, musica, danze, cibi dolci, tutta l'atmosfera della vita, dalle immagini sulle confezioni ai romanzi e alle novelle e alle poesie infiammano ulteriormente questa sensibilità e, di conseguenza, i vizi più ignobili e le malattie sessuali diventano le condizioni abituali di crescita di questi poveri figli delle classi agiate.

6

Per le persone che considerano l'amore carnale un piacere, avere figli perde significato e, invece di essere lo scopo e la giustificazione delle relazioni coniugali, diventa un ostacolo alla continuazione dei piaceri, e quindi sia fuori che dentro il matrimonio si è diffuso l'uso di mezzi che deprivano le donne della possibilità di procreare. Queste persone si privano non solo dell'unica gioia e redenzione che danno i bambini, ma della loro dignità e immagine.

7

L'uomo in tutta la vita animale, e specialmente durante il parto, dovrebbe essere superiore al bestiame e mai inferiore. Invece le persone, nella maggior parte dei casi, sono inferiori agli animali. Gli animali si uniscono, il maschio alla femmina, solo nel caso in cui possa nascere da loro un frutto. Le persone invece, un uomo e una donna, si mettono insieme per il piacere, senza pensare se avranno o no dei figli.

8

Non è compito nostro discutere se sia bene o male avere figli. Il nostro compito è quello di adempiere nei loro confronti i doveri che la loro nascita ci impone.

Dello stesso editore

Poesia

Osip Mandel'štàm, Pietra (edizione cartacea: La Vita Felice)
Osip Mandel'štàm, Tristia. Secondo libro (edizione cartacea: La Vita Felice)
Osip Mandel'štàm, Quaderni di Mosca (edizione cartacea: La Vita Felice)

Anna Achmàtova, Stormo bianco (edizione cartacea: La Vita Felice)
Anna Achmàtova, Rosario (edizione cartacea: La Vita Felice)
Anna Achmàtova, Sera (edizione cartacea: La Vita Felice)
Anna Achmàtova, Tutte le poesie

Marina Cvetàeva Mestiere (edizione cartacea: La Vita Felice)
Marina Cvetàeva Accampamento dei cigni-Separazione (edizione cartacea: La Vita Felice)
Marina Cvetàeva Verste. Poesie 1916-1920 (edizione cartacea: La Vita Felice)
Marina Cvetàeva È ora di spegner la lanterna. Ultime poesie 1936-1941

Aleksandr Blok Bolle di terra - Viola notturna - Maschera di neve
Aleksandr Blok Crocevia (edizione cartacea: La Vita Felice)
Aleksandr Blok Città (edizione cartacea: La Vita Felice)
Aleksandr Blok Poesie sulla bellissima dama
Aleksandr Blok Ante Lucem

Dino Campana Tutte le poesie
Vladìmir Majakovskij Tutte le poesie (1912-1930)
T.S.Eliot Canzone d'amore di J. Alfred Prufrock
Cantico dei cantici
Bruno Osimo Spazio intorno allo squalo
Bruno Osimo Poesie dall'ospedale psichiatrico

Bruno Osimo Poesie apocrife di Anna Ahmàtova
Bruno Osimo A Silva
Bruno Osimo Per tenerti la mano tra coyote e cinghiale
Bruno Osimo Sguardi rubati ; Gianpaolo Tescari
Bruno Osimo Bolle d'accompagnazione
Bruno Osimo Proposta sibillina
Bruno Osimo Ce l'hai scarico da un pezzo
Bruno Osimo Sei un vaso di fiori di campo
Bruno Osimo La scoiattola d'autunno

Semiotica

Bruno Osimo Semiotica semplice
Bruno Osimo Semiotics for Beginners
Bruno Osimo Semiotica per principianti
Lev Vygótskij, Pensiero e parola
Charles Sanders Peirce Filosofia della mente
Jurij Lotman Il testo nel testo
Jurij Lotman Le tre funzioni del testo
Jurij Lotman Autocomunicazione: «Io» e «Un altro» come destinatari
Jurij Lotman Le mie memorie 1922-1940
Jurij Lotman La semiosfera: culture
Jurij Lotman La cultura e l'intelligentnost'
Jurij Lotman Il ruolo dell'arte nella cultura
Jurij Lotman Asimmetria e dialogo
Jurij Lotman Il modello della struttura bilingue
Peeter Torop La semiotica della cultura. Introduzione alla scuola di Tartu fondata da Lotman.
Peeter Torop Biografia privata di Lotman attraverso gli autoritratti. Il discorso interno di uno studioso
Peeter Torop La transmedialità dell'autocomunicazione della cultura
Peeter Torop Sugli inizi della semiotica della cultura alla luce delle tesi della scuola di Tartu-Mosca

Opere di Gógol'

La lettera scomparsa
Notte di maggio ovvero L'annegata

La sera della vigilia di Ivàn Kupàla
La fiera di Soróčinci
Memorie di un pazzo

Opere di Solženìcyn

L'arresto. Vivere e morire ai tempi dei gulag
L'istruttoria. Torture, false confessioni, gulag
Storia delle fogne russe. Ondate di deportazione in gulag
La donna in lager. Vita quotidiana nei gulag

Opere di Čechov

Dùšečka
Zio Vanja
Tre sorelle
Il gabbiano
Il giardino dei ciliegi (L'amareneto)
L'insegnante di lettere
Dama con cagnolino: racconto
Casa con mezzanino (racconto di un pittore)
Racconto della signora X
L'isola di Sachalìn
La dacia nuova
A proposito dell'amore
I mužikì
Alle feste di Natale
Per affari di servizio
Nel baratro
Tre anni
Il duello
Ionyč: racconto
L'arciereo: racconto
La sposa: racconto
Kaštanka: racconto
Ragazzi: racconto
Principessa: racconto

Opere di Tolstój

Imparare a scrivere dai bambini
Infanzia
Non uccidere nessuno
Non posso stare zitto Contro la pena di morte
Su ciò che viene chiamato «arte»
Il Vangelo spiegato ai bambini
Il parassitismo
Sonata «Kreutzer»
Il desiderio sessuale
Religione e morale
Perché la gente si droga?
Perché non mangio la carne

Opere di Dostoevskij

Notti bianche
Memorie dal sottosuolo
Il villaggio di Stepànčikovo e i suoi abitanti

Opere di Leskóv

L'ebreo in Russia
Il pellegrino incantato. Il mancino
L'angelo sigillato. L'ebreo in Russia

Opere di Bulgàkov

Comune operaia № 13
Il mago nero
Ho ucciso e altri racconti

Opere di Pùškin

Evgénij Onégin

Fiabe popolari

Sivko-burko
Fiaba su Ivàn-zarévič, sull'uccello-brace e sul lupo grigio
Vasilìsa la bellissima. La sorellina volpina. Ivàn Zarévič

Sulla traduzione

Peeter Torop Total Translation
Vlahov Florin The Translation of Realia
B., S.A. Osimo Cognitive distortion, translation distortion, and poetic distortion as semiotic shifts
Bruno Osimo On Psychological Aspects of Translation
Bruno Osimo Literary translation and terminological precision: Chekhov and his short stories
Bruno Osimo Basic notions of Translation Theory
Bruno Osimo Translation Studies. Contributions from Eastern Europe
Bruno Osimo Handbook of Translation Studies
Bruno Osimo Juri Lotman's Translation Handbook
Bruno Osimo Dictionary of Translation Studies
Bruno Osimo History of Translation
Bruno Osimo Roman Jakobson's Translation Handbook
Bruno Osimo The Translation of Culture
Bruno Osimo Prototext-metatext translation shifts
Anton Popovič La scienza della traduzione
Peeter Torop La traduzione totale
Aleksandar Lûdskanov Un approccio semiotico alla traduzione
Vlahov Florin La traduzione dei realia
Revzin Rozencvejg Manuale di semiotica della traduzione
Jiří Levý La creatività linguistica e letteraria del traduttore
Jiří Levý Stile letterario e stile traduttivo. Come si forma il traduttese
Zuzana Jettmarová Teoria ceca della traduzione
B., S.A. Osimo Distorsione cognitiva, distorsione traduttiva e distorsione poetica come cambiamenti semiotici
Bruno Osimo Manuale del traduttore di Giacomo Leopardi
Bruno Osimo Peeter Torop per la scienza della traduzione

Bruno Osimo La traduzione totale. Spunti per lo sviluppo della scienza della traduzione
Bruno Osimo Teoria della mediazione linguistica
Bruno Osimo Traduzione come metafora, traduttore come antropologo
Bruno Osimo La memoria della cultura: traduzione e tradizione in Lotman
Bruno Osimo Traduzione e nuove tecnologie
Bruno Osimo Terminologia semiotica e scienza della traduzione
Bruno Osimo La lingua non salvata
Bruno Osimo Traduzione giuridica e scienza della traduzione
Bruno Osimo Traduzione della cultura
Bruno Osimo Traduzione letteraria e precisione terminologica
Bruno Osimo Traduzione e qualità
Bruno Osimo Traduzione: aspetti mentali
Bruno Osimo La traduzione totale di Peeter Torop

Fuori collana

Federico Bario Come batteva il tamburo
Aleksandr Ânov Le origini dell'autocrazia
Anatolij Rybakov Gli anni del grande terrore
Raffaello Giovagnoli Spartaco
Mihail Arcybašev Sangue
Mikhail Artsybashev Blood
Julija Voznesenskaja Decamerone delle donne
Solomon Volkov Pietroburgo. Storia culturale
Solomon Volkov Šostakovič e Stalin: l'artista e lo zar
Howard Rheingold Comunità virtuali
Bruno Osimo Il poeta in affari veniva da molto lontano
Bruno Osimo Esercizi di stile traduttivo
Bruno Osimo Melanzane dall'antipasto al dolce
Bruno Osimo Dizionario di psicoanalisi
Lucilla Porta, Una sorta di affetto. Romanzo
Tamara Nigi, Stazioni di transito. Haiku scritti sull'acqua
Poesia nascosta. Seicento ricette di cucina ebraica in Italia
Graziella Colonna, Memorie 1927-2024

www.ingramcontent.com/pod-product-compliance
Ingram Content Group UK Ltd.
Pitfield, Milton Keynes, MK11 3LW, UK
UKHW012253290726
14090UKWH00016B/612

9 788831 462372